¡PERROS SALVAJES!
DE NORTE AMÉRICA

LOS ZORROS

Por Jalma Barrett
Fotografías por Larry Allan

BLACKBIRCH PRESS

THOMSON GALE

San Diego • Detroit • New York • San Francisco • Cleveland • New Haven, Conn. • Waterville, Maine • London • Munich

© 2002 by Blackbirch Press™. Blackbirch Press™ is an imprint of The Gale Group, Inc., a division of Thomson Learning, Inc.

Blackbirch Press™ and Thomson Learning™ are trademarks used herein under license.

For more information, contact
The Gale Group, Inc.
27500 Drake Rd.
Farmington Hills, MI 48331-3535
Or you can visit our Internet site at http://www.gale.com

ALL RIGHTS RESERVED
No part of this work covered by the copyright hereon may be reproduced or used in any form or by any means—graphic, electronic, or mechanical, including photocopying, recording, taping, Web distribution or information storage retrieval systems—without the written permission of the publisher.

Every effort has been made to trace the owners of copyrighted material.

Photo Credits: All images © Larry Allan, except page 11 (insert) © PhotoDisc.

LIBRARY OF CONGRESS CATALOGING-IN-PUBLICATION DATA

Barrett, Jalma.
 [Foxes. Spanish]
  Los zorros / by Jalma Barrett.
   p. cm. — (Perros salvajes!)
 Summary: Describes the physical appearance, habits, hunting and mating behaviors, and life cycle of different species of foxes.
 Includes bibliographical references and index.
  ISBN 1-41030-015-3 (hardback : alk. paper)
  1. Foxes—Juvenile literature. [1. Foxes.] I. Title. II. Series: Barrett, Jalma. Wild canines!

QL737.C22 B34318 2003
599.775—dc21   2002015924

Printed in United States
10 9 8 7 6 5 4 3 2 1

Contenido

Introducción 4

Aspecto físico 6

Rasgos especiales 10

Vida social 12

Caza 14

Apareamiento 18

Crianza de los cachorros 20

El zorro y el hombre 22

Glosario 24

Para más información 24

Índice 24

Introducción

Cuando caminas por tu jardín o por el bosque, es probable que un zorro te esté mirando, con sus grandes ojos redondos, desde algún escondite cercano. Estos observadores, tímidos e invisibles, no te harán daño, ni serán una amenaza.

El zorro vive en todas partes de Norte América, aún en las ciudades. Hay cuatro especies en Norte América— el zorro rojo, el zorro gris, el zorro ártico y el zorro veloz o kit. El más conocido es el zorro rojo. Su territorio es el más extenso de todos los zorros de Norte América. También vive en Europa y Asia.

El zorro rojo vive en casi todo el Canadá y los Estados Unidos, excepto en el oeste y sudoeste. El zorro gris habita en la mitad oriental de los Estados Unidos y también en Oregon, California, Nevada,

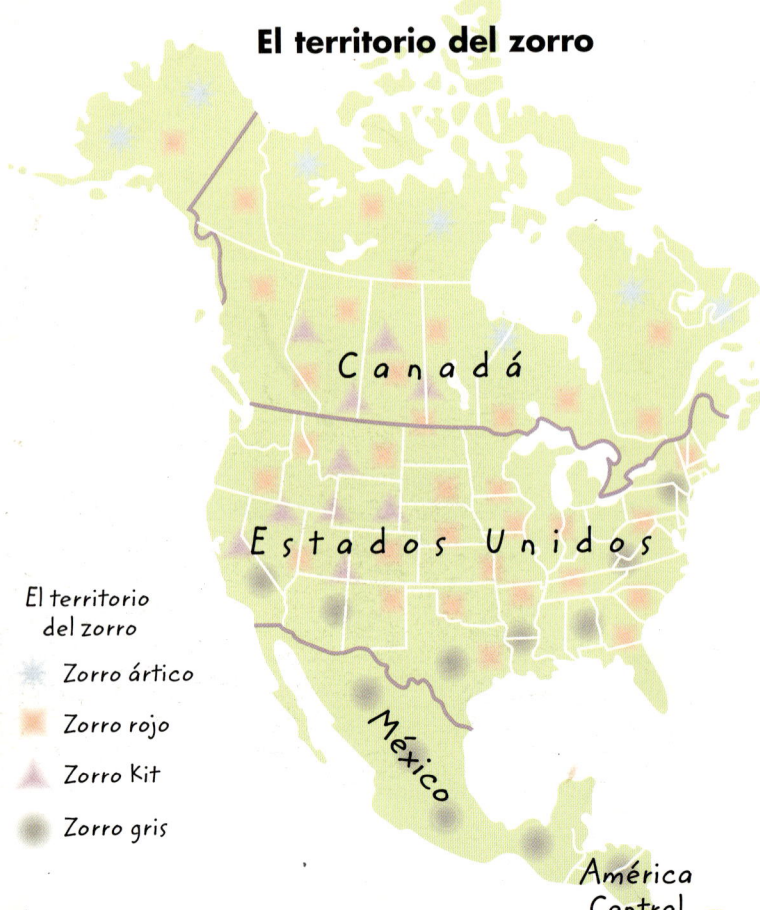

El territorio del zorro

El territorio del zorro
- Zorro ártico
- Zorro rojo
- Zorro Kit
- Zorro gris

Utah, Colorado, Arizona, Nuevo México y Texas. Vive también en México y el norte de Sudamérica. El zorro ártico vive en la tundra (llanura plana y sin árboles) e islas de hielo (agua oceánica congelada) del norte de Canadá y la costa de Alaska. Se le encuentra también en Groenlandia, Europa y Asia. Los científicos acaban de clasificar como una especie al zorro veloz o kit. Vive en Montana, Wyoming, Colorado, Idaho, Utah, Oregon, Nevada y California. También se le encuentra en las provincias canadienses de Alberta, Saskatchewan y Manitoba.

El zorro rojo es una de las cuatro especies que vive en Norte América.

Aspecto físico

En general los zorros tienen muchos rasgos físicos en común. Todos son mamíferos de tamaño mediano que pesan menos de 15 libras (6.8 kilogramos), tienen pelo largo y cola tupida. La mayoría de los zorros (excepto el zorro ártico) tiene orejas largas y puntiagudas que le permiten tener excelente oído.

Aunque físicamente son similares, cada especie de zorro tiene características particulares. El zorro rojo tiene una cola tupida que mide entre 14 y 17 pulgadas (35–43 cm). Tiene la cabeza y el cuerpo color marrón rojizo, y la barbilla, el cuello y el abdomen son de color blanco. El zorro rojo mide 15 a 16 pulgadas (38–41 cm) de altura y pesa entre 8 y 15 libras (3.5–7 kg). La parte posterior de las orejas, la parte inferior de las patas y los pies son negros. El zorro rojo puede ser negro, plateado o con un patrón mixto conocido como fase cruzada, en que es marrón rojizo con una cruz de pelo oscuro en los hombros.

Todos los zorros tienen ciertos rasgos físicos en común. Todos tienen pelo largo y cola tupida.

El zorro gris tiene el pelo gris con franjas marrones rojizas y la punta de la cola negra.

Todas las variedades de zorro rojo tienen la punta de la cola blanca. Es la única especie que tiene este tipo de marca en la cola.

El zorro gris tiene pelo gris en el lomo y marrón rojizo a los costados, pecho, cuello y la parte posterior de la cabeza. El cuello y el abdomen son blancos. Su tupida cola mide entre 8 y 18 pulgadas (22–44 cm) de largo y tiene una franja negra en la parte de arriba y la punta negra. Las piernas y las patas son rojizas. Miden de 14 a 15 pulgadas (36–38 cm) de altura y pesan entre 7 y 13 libras (3–6 kg).

El zorro veloz es la especie de zorro más pequeña.

En en el verano, el zorro ártico es marrón azulado o gris claro, con costados inferiores blancos. En el invierno, es enteramente blanco o crema. El cambio de color le ayuda a mimetizarse bien con su entorno. Mide entre 10 y 12 pulgadas (27–35 cm) de altura y pesa entre 6 y 9 libras (3–4 kg). Su tupida cola mide entre 11 y 14 pulgadas (27–35 cm) y puede tener la punta negra. Algunos pasan por una rara fase de coloración, llamada fase azul (gris azulado oscuro), que se aclara a un gris azulado claro en invierno. Las orejas del zorro ártico son pequeñas y redondeadas, porque una menor superficie implica menor pérdida de calor, y estas orejas pequeñas conservan mejor el calor corporal en invierno.

El zorro ártico cambia de color en verano e invierno para mimetizarse con su entorno.

El zorro veloz o kit es el más pequeño. El nombre kit significa "cachorro" en inglés, porque el adulto tiene el tamaño de los cachorros de otras especies de zorros. Tiene pelo gris en el lomo, pardo amarillento en los costados y blanco en la parte de abajo. Sus patas son claras y sus orejas son grandes y triangulares. Pesa entre 3 y 6 libras (2–4 kg), la mitad del peso de un gato doméstico normal. Mide aproximadamente 12 pulgadas (30 cm) de altura y tiene una cola de punta negra que mide de 9 a 12 pulgadas (23–30 cm).

Rasgos especiales

Las 4 especies de zorro tienen excelente oído. A diferencia de otros mamíferos, el oído del zorro rojo es sensible a sonidos de baja frecuencia. Puede escuchar cuando las presas pequeñas roen, hacen crujir hojas o escarban debajo del suelo o de la nieve.

Cada especie de zorro tiene rasgos especiales que le permiten sobrevivir en un ambiente específico. Casi todos los zorros se enrollan como una pelota en invierno y con la cola se cubren el hocico y las patas para protegerse del frío y las tormentas de nieve. El zorro ártico está especialmente adaptado para el frío extremo. Su cuerpo compacto, orejas pequeñas y patas cortas retienen mejor el calor corporal. Sus patas están cubiertas de un espeso pelaje que las protege del frío y le da tracción sobre el hielo. El zorro kit es un corredor particularmente rápido. Puede alcanzar una velocidad de 25 millas (40 km) por hora en distancias cortas, por eso se lo conoce también como el zorro "veloz". El zorro gris es la única especie de cánidos que puede trepar a los árboles.

El zorro gris es la única especie de cánido que puede trepar a los árboles. Usa sus largas garras traseras para clavarlas en la corteza a medida que va trepando.

El cuerpo compacto del zorro ártico se ha adaptado para retener mejor el calor corporal en hábitats fríos.
Recuadro: El zorro ártico se enrolla como una pelota para mantenerse caliente.

Vida social

La mayoría de los zorros prefieren estar solos, excepto durante la época de apareamiento. Los zorros veloces y algunos zorros grises forman pareja de por vida.

El territorio de un zorro es pequeño, pero sus límites están marcados cuidadosamente con orina y heces (excremento). El zorro orina los árboles, matorrales o cactus; a menudo deposita sus heces sobre las rocas, para poner su olor lo más cerca posible al nivel del hocico y así hacerlo más evidente y que además no sea cubierto por la nieve o la lluvia. El olor les informa a otros zorros que este territorio ya está ocupado.

Al lado: Marcan el territorio con los olores fuertes de su orina y excremento para mantener alejados a otros zorros.

Derecha: Los zorros son solitarios (prefieren estar solos). Sólo forman pareja durante la época de apareamiento.

Los zorros son animales nocturnos (más activos por la noche), por eso no los vemos muy seguido. Además, se esconden cuando están asustados y descansan durante el día. ¡Un zorro gris fue visto descansando a 30 pies (10 metros) de altura en un árbol! ¡Otro estaba en el brazo de un cactus saguaro grande y espinoso! En muchas ocasiones los zorros se "hablan" entre sí usando varios sonidos vocales, como gemidos, gruñidos, gañidos y ladridos. Los gañidos indican alarma. Los zorros no pueden aullar, pero los cachorros pueden ronronear. El zorro gris tiene un maullido parecido al del gato, pero no hace tantos sonidos como el zorro rojo.

Caza

Los zorros son omnívoros—animales que comen todo tipo de comida. Su dieta cambia con las estaciones. En primavera, los zorros comen insectos, pasto, bayas, conejitos, pájaros, huevos y cangrejos. En verano, son casi vegetarianos: comen maíz, bayas, manzanas, cerezas silvestres, uvas, nueces y pasto.

A fines del verano y principios del otoño también comen saltamontes y grillos. En invierno comen mamíferos pequeños, incluyendo ratones, ratas, lemmings, topos, conejos, ardillas, marmotas, y carroña (carne ya muerta). El zorro ártico también come peces, y cachorros de focas y leones marinos. Los pequeños zorros veloces en su mayoría son carnívoros (comen carne).

Arriba: Al cazar presas grandes, el zorro se esconde y espera el momento justo para saltar y atacar.
Izquierda: Un zorro rojo se come una ardilla. Sus presas son generalmente pequeñas.
Al lado opuesto: La dieta de un zorro es bastante variada y cambia con las estaciones.

Los zorros continúan cazando aunque hayan comido bien. Los zorros almacenan (esconden) la comida preparándose para el invierno. En verano, el zorro ártico excava la capa superior del suelo y coloca la comida en la capa de hielo perenne (suelo que permanece congelado todo el año). Allí se conserva como si estuviera en un congelador. Los zorros también esconden comida en grietas y debajo de las rocas o de la nieve. Regresan a su escondite gracias a su memoria y al olor.

Al cazar presas más grandes, como conejos, el zorro rojo las acecha al estilo de un gato. Se acerca a la víctima deseada y luego la caza. El zorro rojo caza en granjas, bosques, matorrales, e incluso en ciudades y pueblos.

El zorro gris no corre muy rápido. Tiene que sorprender a su presa.

El zorro gris no corre muy rápido. Tiene que sorprender a su presa—por eso su pelaje bien camuflado es de gran ayuda. Generalmente caza en áreas boscosas o matorrales y también en ciudades o pueblos.

El color del zorro ártico le permite acercarse a la presa sin ser visto. Pero al final debe perseguirla y cazarla. A pesar de ser solitario, se junta con otros a comer alrededor del cadáver de un animal. Caza en la tundra, donde terminan los bosques del norte, y recorre cientos de millas hacia el sur para encontrar comida. En invierno, se interna mucho en las islas de hielo. Sin embargo, el zorro ártico en su fase azul no vive en lugares cubiertos permanentemente por la nieve. El color más oscuro le resultaría una desventaja para cazar y esconderse en un mundo blanco.

El zorro veloz vive en el sudoeste de los Estados Unidos y tiene mucho pelo entre los dedos de las patas para no hundirse en el terreno arenoso típico de esta zona. Su dieta incluye lagartijas y escorpiones, pero su comida preferida es la rata canguro. Caza en las praderas de pasto corto de las grandes llanuras y en las regiones desérticas. Toma muy poca agua y obtiene la que necesita de su comida.

Los zorros a menudo almacenan comida durante el verano o el otoño para poder sobrevivir durante el invierno. **Recuadro:** En la piel de este zorro ártico comienzan a aparecer parches de pelo azul a medida que se aproxima el verano.

Apareamiento

Los zorros solitarios se aparean entre enero y abril, y los zorros árticos entre febrero y mayo debido al clima frío. Los zorros alcanzan la madurez sexual al año. La gestación (período en que los cachorros están en el útero materno) dura entre 47 y 57 días. Poco tiempo después de aparearse, los zorros cavan guaridas –sólo de tierra, a diferencia de los nidos– para criar a sus cachorros. Las zorras no dejan entrar a los zorros antes del nacimiento de sus cachorros. Luego, los machos le traen comida a su pareja y a los recién nacidos. Las zorras ayudantes (hembras sin cría) también colaboran con el cuidado de los cachorros. Las guaridas tienen muchas aberturas. Suele haber otras guaridas cerca para usarlas en caso de peligro.

El zorro rojo usa la misma guarida por muchos años y a menudo agranda las guaridas de las marmotas o tejones.

Los zorros están listos para aparearse cuando tienen un año.

El zorro ártico hace una nueva guarida todos los años. Para poder ver en todas direcciones, el zorro rojo hace su guarida en áreas elevadas con escasa vegetación. El zorro gris hace su guarida en cavidades naturales en zonas boscosas y pendientes de rocas, o en troncos y árboles huecos. El zorro ártico hace su guarida en las laderas arenosas o hace túneles en los bancos de nieve. Ambos padres cuidan a los cachorros. El macho vigila el lugar. El zorro veloz prefiere hacer su guarida en campo abierto. Cava muy bien y construye guaridas que en general tienen 3 pies (1 metro) de profundidad.

Un cachorro a la entrada de su guarida.

Crianza de los cachorros

Cada año nace una camada de 1 a 12 cachorros. Nacen ciegos e indefensos. El zorro veloz tiene sólo de 3 a 5 cachorros. Las crías nacen entre marzo y mayo, o entre abril y julio, si son crías del zorro ártico. Los cachorros abren los ojos a los 12 días y son destetados a los 3 meses. La madre mastica y predigiere la primera comida sólida de sus cachorros y luego la regurgita (la devuelve del estómago a la boca) para alimentarlos. Los padres les traen comida durante 4 o 5 semanas y se la dan al primer cachorro que la pide. Los cachorros generalmente salen de la guarida a las 6 semanas. Al principio los padres dejan comida cerca de la entrada. Luego esconden un conejo, ardilla o pájaro muerto cerca de la guarida.

Un zorro rojo de 8 semanas está sentado cerca de la entrada de su guarida. A las 6 semanas, el cachorro sale de la guarida por primera vez.

Gradualmente alejan la comida cada vez más, para hacer que los cachorros salgan. A veces los padres traen a la guarida presas vivas para que los cachorros practiquen cómo matarlas.

Alimentarlos es mucho trabajo —¡los cachorros comen casi una libra de carne cada 24 horas! Los padres tienen que cazar entre 500 y 600 roedores para alimentarlos durante las 8 semanas que están en la guarida.

Cuando los cachorros tienen 4 meses comienzan a cazar con sus padres en la noche. A los cachorros les enseñan a encontrar, acechar y

Los cachorros desarrollan la fuerza y destreza necesarias para cazar jugando a luchar y perseguirse.

matar a su presa. Tienen un fuerte instinto de caza—se abalanzan sobre los insectos y aprenden a sujetarlos entre sus patas. Después aprenden a matar ratones mordiéndoles el cuello. Las lecciones duran hasta que tienen 7 meses. A esta edad dejan a su familia para establecer su propio territorio. Los machos jóvenes se alejan hasta 150 millas (241 km) de la guarida de sus padres; las hembras no se alejan tanto. Unos meses más tarde, están listos para comenzar el ciclo de vida nuevamente, esta vez como padres.

El zorro y el hombre

El zorro tiene muchos enemigos naturales, como los lobos, coyotes, linces rojos y linces canadienses. Pero su enemigo principal es el hombre, que les dispara y los atrapa por ignorancia. La caza comercial (con recompensa económica) ha costado la vida a cientos de miles de zorros en el transcurso de los años. Actualmente la gente no compra tantos abrigos de piel o con adornos de piel como antes. Las poblaciones de zorros van en aumento, excepto por el zorro veloz que aún está en peligro de extinción. Asimismo, los granjeros avícolas ya no matan a tantos zorros.

El hombre es el depredador más peligroso del zorro.

Ahora las granjas tienen más protección contra los depredadores y no hay tanta necesidad de matar a los zorros para proteger a los animales. Hoy en día el zorro rojo está ampliando su territorio y compitiendo con el coyote por el territorio que pertenecía antes al lobo. Al zorro ártico lo siguen cazando por su piel de pelaje inusualmente largo, especialmente en la fase azul. También se les cría comercialmente por su valiosa piel.

Los zorros son astutos, tímidos, casi invisibles, y también son una parte importante del ciclo de vida en Norte América. Son hábiles depredadores que, siendo parte de la cadena alimenticia, ayudan a mantener el equilibrio natural. A pesar del gran valor de sus pieles, son mucho más valiosos por el papel que tienen en la naturaleza.

Datos sobre el zorro

Nombre científico: Rojo—Vulpes vulpes
Ártico—Alopex lagopus
Gris—Urocyan cinereoargenteus
Veloz—Vulpes velox
Altura a nivel de hombros: 10 a 16 pulgadas (26–41 centímetros)
Largo del cuerpo: 24 a 44 pulgadas (61–113 centímetros)
Largo de cola: 9 a 18 pulgadas (23–44 centímetros)
Peso: 3 a 15 libras (2–7 kilos)
Color: Tonalidades de gris, rojo, blanco, pardo y plateado
Gestación: 47 a 57 días
Camada: 1 por año
Numero de crías: 1 a 12 cachorros
Vida social: Solitaria, excepto durante la época de apareamiento
Comida preferida: Dieta variada—vegetariano, pequeños mamíferos, insectos, pájaros, huevos y cangrejos de río.
Hábitat: En todas partes de Norte América, incluyendo las regiones árticas

Glosario

acechar Cazar o rastrear de manera silenciosa o secreta, generalmente persiguiendo una presa.
almacenar Esconder provisiones.
camuflado Similar al entorno para que sea difícil de distinguir.
cánido Animal de la familia de los perros.
destetado Que ya no toma leche materna.
emboscar Esconderse y luego atacar.
frecuencia Vibraciones repetidas.
habitar Vivir en un área o lugar determinado.
hábitat Territorio donde vive un animal o planta.
heces Desechos corporales, excremento.
islas de hielo Agua oceánica congelada.
mimetizarse Hacerse parecido al entorno para que sea difícil distinguirlo.
nocturno Activo en la noche.
solitario Que vive y caza solo.
tundra Área fría y sin árboles donde el suelo debajo de la superficie permanece siempre congelado.

Para más información

Libros
Butterworth, Christine. Donna Bailey (Contributor). *Foxes* (Animal World). Chatham, NJ: Steck-Vaughn Library Division, 1991.
Lepthien, Emilie. Joan Kalbacken. *Foxes* (New True Book). Danbury, CT: Children's Press, 1993.
Tweit, Susan. Wendy Shattil (Fotógrafa). *City Foxes*. Seattle, WA: Alaska Northwest Books, 1997.

Dirección en la red
Familia Canidae
Aprenda más sobre la familia de los zorros y sus parientes—
sciweb.onysd.wednet.edu/sciweb/zoology/mammalia/dog.html.

Índice

Apareamiento, 18
Color, 6, 7, 9, 16
cuerpo, 6-9
Enemigos, 22
Guarida materna, 18-21
Hombre, 22, 23
Oído, 10
Territorio, 4, 12
Zorro ártico, 5, 9-11, 14-16, 18, 19, 23
zorro gris, 4, 5, 7, 10, 13, 16, 19
zorro veloz. Véase zorro kit
zorro rojo, 4, 6, 7, 13, 15, 19, 23
zorro kit, 5, 8-10, 14, 17, 19, 22